Es duftet schon nach Weihnachtsmarkt

24 Suchgeschichten zum Vorlesen

erzählt von Ursel Scheffler

Mit Bildern von Jutta Timm

KeRLE
bei Herder

Freiburg · Wien · Basel

Inhalt

Die Sternlaternen

1. „Wo ist Mama?", fragt Papa, als er abends nach Hause kommt.

„Die töpfert noch im Keller", sagt Jonas.

„Komm mit", ruft Papa. „Ich weiß was, worüber sie sich freut!"

Gemeinsam laufen die beiden in den Hobbykeller hinunter, wo Mama ihre kleine Töpferwerkstatt eingerichtet hat. Sie wischt gerade die klebrigen Hände an einem feuchten Tuch ab und sagt: „12 Krüge, 6 Kerzenständer und 24 Glocken! Morgen früh bringe ich alles zum Brennen!"

„Überraschung!", sagt Papa und lacht verschmitzt. „Ich war gerade im Rathaus und hab für dich den besten Standplatz auf dem Weihnachtsmarkt reserviert: gleich neben der Kirchentreppe."

„Super!", freut sich Mama und überlegt: „Vielleicht sollte ich doch noch ein paar von den kleinen Weihnachtsglocken machen? Die verkaufen sich immer am besten."

„Ich möcht´ auch was verkaufen", meldet sich Jonas zu Wort.

„Du kannst mir ja helfen, wie letztes Jahr", sagt Mama.

„Nö", brummt Jonas. „Ich möcht´ gern eigene Sachen verkaufen!"

Eine Weile hat es ihm Spaß gemacht, ebenfalls zu töpfern. Aber dann hatte er keine Lust mehr, weil Mama alles viel besser konnte.

„Welche eigenen Sachen?", fragt Papa verwundert.

„Sternlaternen", sagt Jonas. „Hab ich mit Elena gebastelt. Fünf haben wir schon. Ihre Mutter hat uns gezeigt, wie es geht."

„Keine schlechte Idee!", findet Papa. „Bestimmt macht Mama an ihrem Stand ein bisschen Platz für eure Sachen."

Elena wohnt im Nachbarhaus und geht in die gleiche Klasse wie Jonas. Sie treffen sich jetzt jeden Tag nach der Schule zum Laternenbasteln.

Eine Woche dauert es noch, bis der Weihnachtsmarkt eröffnet wird!

Drei Tage lang schneit es. Der Schnee bleibt liegen. Er knirscht unter den Füßen.

„Schuhe ausziehen!", sagt Mama jedes Mal, wenn Elena kommt. Jetzt ist es um fünf Uhr schon dunkel.

„Richtiges Laternenwetter!", findet Jonas. Die beiden schneiden, falten und kleben.

Dann stellen sie Teelichter in die fertigen Laternen. Dreizehn Stück stehen schon auf der Kellertreppe und jeden Tag kommen zwei oder drei neue dazu.

Endlich ist es so weit. Am 1. Dezember wird der Weihnachtsmarkt eröffnet.

Papa hat sich am Nachmittag ein paar Stunden frei genommen und fährt Jonas, Elena, Mama, Töpfe und Laternen zum Markt. Jonas und Elena bauen ihren Stand neben Mamas Töpfersachen auf. Da kommt auch schon die erste Kundin. Es ist Frau Berner, die Lehrerin von Jonas und Elena.

„So eine Sternlaterne passt gut neben meine Weihnachtskrippe", sagt sie.

Auch Herr Astor, der im Nachbarhaus wohnt, kauft eine Laterne und die nette Nachbarin. Und Oma und Tante Agnes. Dann kommt der Reporter Fred Eilig und macht ein Foto für die Marktzeitung.

Gegen vier Uhr wird es allmählich dunkel. Jonas und Elena zünden die Lichter in ihren Laternen an. Jetzt leuchten sie besonders schön. Überall auf dem Markt laufen Leute mit Sternlaternen herum. Papa kommt mit einer Tüte heißer Maronen und sagt: „Wisst ihr, was die Maronifrau zu mir gesagt hat? Schönen Gruß an Ihre Sternlaternenkinder und sie sollen eine Laterne für mich aufheben!"

Zehn Sternlaternen haben Jonas und Elena schon verkauft. Kannst du sie auf dem Bild vom Weihnachtsmarkt finden?

Die Maronifrau

2. „Heiße Maroni!", ruft die kleine dicke Frau im langen Wollmantel. „Heiße Maroni. Eine Tüte zwei Euro!" Die Leute drängen sich um den kleinen Ofen. Die Röstkastanien riechen nicht nur verführerisch, sie schmecken auch gut. Und wenn man sie in die Handschuhe steckt, dann wärmen sie die Hände wie kleine Öfen.

Die runden braunen Früchte haben alle einen Schlitz im Rücken, der beim Rösten aufplatzt. Es sieht aus, als lachen sie, wenn die Maronifrau sie endlich vom heißen Rost nimmt und in spitze braune Papiertüten füllt.

Mario steht neben dem Maroniofen und sieht ihr eine ganze Weile zu.

Schließlich sind alle Kunden bedient. Nur Mario steht noch da. „Möchtest du auch eine Tüte?", fragt die Maronifrau, die den Jungen längst bemerkt hat.

„Schon", sagt Mario verlegen. „Aber ich hab kein Geld!"

„Das macht nichts", sagt die Maronifrau. „Du kannst dir eine Tüte verdienen. Bleib hier und dreh die Maronen um, bis ich wieder zurück bin. Ich muss Nachschub von meinem Wagen holen. Magst du?"

„Gern", sagt der Junge.

„Hier sind noch drei gefüllte Tüten. Zwei Euro das Stück. Die darfst du verkaufen." Sie zeigt ihm, wie man die Maronen mit der Zange wendet, damit sie nicht verbrennen. „Also, pass auf, dass sie nicht schwarz werden! Ich bin gleich zurück!"

Ehe sich's Mario versieht, ist er Maronibrater. Ganz rote Backen bekommt er von der Ofenhitze und von der Aufregung. Die drei Tüten sind schnell verkauft. Und da kommt die Maronifrau auch schon zurück mit einem Sack voll mit neuen Kastanien. Sie ritzt sie auf und legt sie auf den Grillrost. Mario wendet sie und füllt die fertig gebratenen Maronen in die Tüten. Immer zehn Stück in eine.

„Und die ist für dich!", sagt die Maronifrau und drückt ihm eine Tüte in die Hand. „Selbst verdient. Die schmecken am besten."

Die Maronifrau holt die Kastanien aus ihrem Lieferwagen. Kannst du den Wagen auf dem Bild entdecken?

Das vergessene Notenblatt

3. Gregor rennt mit wehenden Haaren durch die Altstadt. Er muss zur Kirche am Markt. Dort soll in fünf Minuten die letzte Probe für das Krippenspiel beginnen. Eigentlich sollte er längst dort sein. Aber er hatte ein Notenblatt zu Hause vergessen und musste noch mal zurück. In Gedanken ist Gregor schon bei der Arbeit mit dem Chor. Beim letzten Mal haben die Hirten noch heftig gepatzt. Sie werden noch tüchtig üben müssen! Und der Engel Gabriel hat plötzlich eine ganz tiefe Stimme bekommen. Wo soll er bloß so schnell einen neuen Engel mit heller Stimme hernehmen?

Als Gregor beim Markt um die Ecke biegt, stolpert er im Gedränge über seine eigenen Füße. Er wäre im Rinnstein gelandet, wenn ihn nicht ein junges Mädchen auf halbem Wege aufgefangen hätte.

„Tschuldigung", sagt er verlegen und befreit sich aus ihren Armen.

„Hallo, Herr Gregor", ruft das Mädchen überrascht. „Haben Sie sich wehgetan?"

„Nein, nein!", versichert Gregor hastig und klopft den Staub von seinen schwarzen Cordhosen. Er setzt die Brille auf, die er beim Sturz verloren hat. Jetzt sieht er ganz klar, was er vorher schon gewusst hat: bei seiner Retterin handelt es sich um Olivia, die hübsche Verkäuferin aus dem Musikgeschäft Geiger. Er kauft seine Noten dort besonders gern, seit Olivia da arbeitet.

Gregor bekommt einen knallroten Kopf. Weil es kalt ist, weil ihm heiß geworden ist und weil ihm die ganze Sache peinlich ist.

„Es ist - ich hab es eilig. Ich muss zur Probe", sagt er, weil ihm nichts Gescheiteres einfällt.

„Ich wollte Sie auch bloß auffangen und nicht aufhalten!", sagt Olivia und lächelt. „Chorprobe für das Krippenspiel?" Gregor nickt.

„Ich hab in der Schule im Chor gesungen", sagt Olivia. „Meist musst´ ich einen Engel spielen. Wegen meiner langen Haare und wegen meiner hellen Stimme."

Gregor, der sich schon mit einer Vierteldrehung zum Gehen gewendet hat, macht auf dem Absatz wieder kehrt und sagt: „Das muss ein Wink des Himmels sein. Ich suche nämlich dringend einen Engel. Den Engel Gabriel. Eigentlich sollte ihn der Max singen. Aber der ist im Stimmbruch. Würden Sie ..." Er zögert.

„Ob ich einspringe?", setzt Olivia seinen Gedanken fort. „Das mach ich gern!
Ich muss nur rasch meinen Chef fragen, ob ich für die Probe frei kriege.
Aber ich denke, Herr Geiger hilft einem guten Kunden wie Ihnen gern aus der
Patsche! Bis gleich!" Schon ist sie verschwunden.
Gregor macht sich auf den Weg zur Kirche. Wie gut, dass ich das Notenblatt zu
Hause vergessen hatte, denkt er, als er auf der Kirchentreppe steht. Sonst wäre ich
nicht in Olivias Armen gelandet. Sonst hätte ich keinen Engel Gabriel.

*Gregor hat ein Notenblatt bei seinem Sturz
verloren. Findest du es?
Olivia geht direkt auf das Musikgeschäft zu,
um ihren Chef zu fragen. Wo ist sie?*

Schokokekse

4. „Eigentlich wollte ich heute noch Plätzchen backen", sagt die Mutter von Jens und Anna. Aber dann gähnt sie und meint: „Seid mir nicht böse. Ich bin einfach zu müde. Es war so viel zu tun im Geschäft."

Sie arbeitet in einem Schreibwarenladen und da ist vor Weihnachten viel Trubel.

„Ach bitte, bitte lass uns backen", sagt Jens.

Die Mutter sieht auf die Uhr und meint: „Wenn ich jetzt erst den Teig mache, dann wird es einfach zu spät. Schließlich ist morgen Schule."

Da mischt sich Papa ein: „Dann mach doch heute Abend nur den Teig, und die Kinder backen morgen, wenn sie aus der Schule kommen. Bis du abends nach Hause kommst, ist alles fertig."

„Na gut. Es ist sowieso besser, wenn der Teig eine Weile im Kühlschrank ruht", überlegt Mama. „Butterplätzchen oder Schokoladenkekse?"

„Butterplätzchen! Die kann man so schön verzieren", ruft Anna.

„Oder meine Lieblings-Schokokekse!", grinst Papa.

„Die kann man so schön verzehren!"

„Die sind dann am Wochenende dran", sagt Mama. Sie zögert.

„Ausrollen, ausstechen — schafft ihr das auch allein, Kinder?"

„Wir haben doch jahrelang geübt!", versichert Jens.

„Ich bin ein prima Keksausstecher. Hast du letztes Jahr selbst gesagt."

„Und ich bin ein toller Teig-Ausroller", sagt Anna.

„Und ich bin der beste aller Plätzchen-Probierer", sagt Papa.

Gleich nach der Schule machen sich Jens und Anna an die Arbeit.

„Mist. Der Teig ist zu hart. Er lässt sich nicht ausrollen", schimpft Anna.

„Wahrscheinlich ist er zu kalt. Wir sollten ihn ein bisschen wärmen", schlägt Jens vor. Sie stellen die Schüssel mit dem Teigkloß eine Weile in den Ofen.

„Jetzt klebt er", seufzt Anna, als der Teig in langen Fetzen von ihren Fingern hängt.

„Was soll ich machen?"

„Wieder in den Kühlschrank", schlägt Jens vor.

„Nein, wir rufen lieber die Oma in Köln an. Die weiß immer was", sagt Anna.

Tatsächlich hat Oma den richtigen Tipp: „Legt zwischen Teig und Rolle eine
Klarsicht-Folie. Dann lässt er sich ganz leicht ausrollen und klebt nicht an der
Rolle fest. Die Folie zieht ihr vor dem Ausstechen ganz einfach wieder ab."
Jappadu! Omas Patent funktioniert! Die beiden sind glücklich.
Mama ruft an und fragt besorgt, ob sie auch an alles denken, was sie gesagt hat,
dass sie immer Topflappen nehmen sollen, und dass der Ofen nicht zu heiß sein soll.
„Alles klappt prima!", versichert Jens. Mama ist beruhigt.
Bald liegen reihenweise Tannenbäume, Sterne, Herzen und Weihnachtsglocken auf
dem Backblech. Hinein in den Ofen! Es duftet herrlich. Gerade als das erste Blech
fertig ist, ruft Papa an. Er steckt im Stau und kommt ein bisschen später.
„Alles im Griff!", versichert Jens. „Topflappen nicht vergessen!", mahnt Papa.
„Hat Mama schon gesagt. Wir sind doch keine Anfänger", sagt Jens.
„Leg auf, das nächste Blech muss rein!", ruft Anna.

Als das dritte Blech im Ofen ist, klingelt wieder das Telefon.

Es ist Oma. Sie will wissen, ob alles klappt. „Jaja, wunderbar!", versichert Jens.

Kaum hat er den klebrigen Hörer aufgelegt, ruft Mama an und dann noch mal Papa.

„Ich komme gleich. Lasst ihr auch nichts anbrennen?"

„Nö, wir doch nicht!", versichert Jens und legt leicht genervt auf.

„Schnell Jens, schnell!", ruft Anna aus der Küche. „Sie verbrennen!"

Die goldgelben Butterplätzchen sind dunkelbraun!

„Warum müssen sie uns auch dauernd anrufen!", knurrt Jens wütend, als er das Küchenfenster kippt, damit der Qualm abziehen kann. Da öffnet sich die Tür.

Der oberste Probierer kommt. Er sieht auf das Blech mit den braunen Butterkeksen und ruft überrascht: „Donnerwetter! Und die Schokokekse habt ihr auch schon gebacken?"

Wo wohnen Jens und Anna?
Woran kannst du ihr Küchenfenster erkennen?

Der Ritt nach Bethlehem

5. Der kleine Wanderzirkus hat draußen vor der Stadt sein Winterquartier aufgeschlagen. Es war ein regnerischer Sommer gewesen und die Einnahmen in der Zirkuskasse haben gerade zum Überleben gereicht. Dann wurde auch noch das Kamel krank und die Tierarztrechnung musste bezahlt werden.

Und jetzt hat der Zirkusdirektor Grippe. Kein Wunder: Im Wohnwagen ist es kalt und ungemütlich, weil vor ein paar Tagen der Strom abgestellt wurde. Nur drei Artisten sind noch da: der Tierpfleger, der auch die Dressurnummern macht, ein Jongleur und der Clown. Alle anderen sind weggelaufen, um nach einem besseren Job zu suchen.

„Ich geh in die Stadt, Chef", sagt Boo, der Clown, an diesem Morgen entschlossen. „Und ich nehm´ den Esel mit."

„Du willst doch nicht etwa - betteln, Boo? Oje, wie weit ist es mit uns gekommen!", jammert der Zirkusdirektor matt.

„Ich werd mir was einfallen lassen", sagt der Clown. „Schließlich brauchen wir Futter für die Tiere!" Und dann striegelt er den Esel und legt ihm das beste Zaumzeug an. Er holt seinen Geigenkasten, schlüpft in einen roten Mantel und zieht los.

„Bist du der Nikolaus?", fragt ein Junge in der Vorstadt, als Boo mit dem Esel durch die Straße läuft.

„Leider nein", seufzt der Clown. „Außerdem hab ich leere Taschen und nichts zu verschenken!" Und dann setzt er seine Pappnase auf, damit man ihn nicht noch mal mit dem Nikolaus verwechselt.

Boo weiß selbst noch nicht genau, wie er es anstellen wird, damit die Leute auf ihn und die Not im Zirkus aufmerksam werden. Aber etwas muss passieren. Der Zirkus muss schließlich irgendwie über den Winter kommen.

Als Boo zum Weihnachtsmarkt kommt, hält dort gerade die alte Postkutsche. Mit der können die Besucher des Marktes eine Runde durch die festlich geschmückten Gassen der Altstadt fahren. Viele Leute steigen ein.

Da hat Boo plötzlich die Idee, auf die er gewartet hat: Er besorgt sich ein Stück Pappkarton und schreibt darauf:

Ritt nach Bethlehem auf einem echten Esel,
wie Maria und Josef
Für Kinder bis 12 Jahre

Er packt seine kleine Geige aus und spielt so lange, bis die Leute stehen bleiben. Dann erzählt er von dem kleinen Zirkus, und dass er mit seinem Esel in die Stadt gekommen ist, um Geld für das Futter zu verdienen.

„Wer will reiten?", fragt er. Ein kleines Mädchen traut sich zuerst. Dann wollen die anderen auch. Immer wieder führt Boo den kleinen Esel von der Kirchentreppe einmal rund um den Markt bis zur Krippe, die auf der anderen Seite des Marktes aufgebaut ist.

„Ein Ritt nach Bethlehem? Das ist eine nette Idee!", findet auch der Pfarrer und fragt, ob er den Esel für das Krippenspiel engagieren kann.

Ein Rundfunkreporter wird auf Boo und seinen Esel aufmerksam. Er hält Boo das Mikrofon unter die Pappnase und sagt: „In unserer Sendung ‚Herzenssache' möchten wir mit Hilfe unserer Zuhörer jeden Tag einen besonderen Weihnachtswunsch erfüllen. Haben Sie einen?"

Da muss Boo nicht lang überlegen.

„Wir brauchen dringend einen Platz, wo wir den Winter verbringen können, ohne zu stören und ohne zu frieren – und Futter für unsere Tiere",

„Mal hören, was wir tun können!", sagt der Reporter. „Wir sind live auf Sendung! Also, liebe Zuhörer, jetzt sind Sie gefordert. Wer hat eine Idee? Bitte rufen Sie an!"

Eine halbe Stunde später, als Boo gerade zwei kleine Jungen auf seinen Esel hebt, kommt der Reporter zu ihm und sagt: „Ich hab gute Nachrichten für Sie: Ein Bauer, der aus Altersgründen alle seine Tiere verkauft hat, bietet seine Scheune an – und Heu für die Tiere obendrein."

„Das glaub ich nicht!", ruft Boo verblüfft.

„Sprechen Sie selbst mit ihm. Hier ist mein Handy!"

Und dann hört es Boo mit eigenen Ohren: Am anderen Ende der Leitung ist jemand, der ihm und seinem Zirkus allen Ernstes helfen will!

„Und wenn Sie mir ein bisschen mit der Hausarbeit zur Hand gehen, dann füttere ich nicht nur die Tiere durch den Winter, sondern auch die Menschen", sagt der alte Bauer. Sein Lachen klingt nett.

„Das muss ich sofort den anderen im Zirkus erzählen!", ruft Boo aufgeregt. Er spielt zum Dank für die Rundfunkhörer ein besonders schönes Lied auf seiner Geige. Zum Abschluss der Vorstellung macht er einen übermütigen Flickflack.

„Was ist denn hier los?", fragt der Fotoreporter, der gerade Jonas, Elena und die Sternlaternen fotografiert hat.

„Ein Wunder ist passiert!", schnauft der Clown und erzählt ihm die unglaubliche Geschichte. Und der Esel wiehert vergnügt. So als hätte er alles verstanden.

„Mal sehn, vielleicht kann ich auch etwas für den Zirkus tun", überlegt der Zeitungsreporter. „Soll ich unsere Leser zu den Vorstellungen an den Weihnachtsfeiertagen einladen?"

„Das – das wäre großartig!", ruft der Clown Boo begeistert.

„Kommst du morgen wieder?", fragen die Kinder, die reiten möchten.

„Gern!", verspricht Bo. „Aber jetzt muss ich zurück zum Zirkus! Ganz schnell!"

Als Clown Boo den Flickflack macht,
verliert er einen weißen Handschuh.
Kannst du ihn entdecken?

Der Spatz vom Rathausplatz

6. Oben auf dem Rathausturm, so winzig klein, dass man ihn fast nicht erkennen kann, sitzt Fritz, der Spatz, und späht auf den Weihnachtsmarkt hinunter. Klein wie Ameisen sehen die Menschen von oben aus. Was die da alle treiben? Komisch, dass sie sich alle hier auf dem steinigen Platz zusammendrängeln, wo ein paar Flugsekunden entfernt am Fluss und im Park so viel Platz ist! Fritz fliegt auf die Wetterfahne des Kirchturms. Da sitzt sonst immer die dicke Dohle Konrad. Ein bequemer Platz!

Bei Wind kann man auf der Wetterfahne Karussell fahren. Aber heute ist es windstill. Wie langweilig! Der Spatz fliegt hinunter zum Brunnen, um einen Schluck zu trinken. Aber das Wasser ist eingefroren. Na gut, da wird er zum Stadtpark-See segeln. Oder zum Fluss. Der friert nie zu. Aber zuerst muss er etwas essen. Die Speisekarte auf dem Markt ist ja reichhaltig. Brotkrümel, Obstreste, Wurststückchen

liegen überall herum. Und da ist sogar eine halbe Brezel. Leider sehr salzig. Brrr.
Da kriegt man ja noch mehr Durst! Fritz entscheidet sich für ein Stück Weihnachtsstollen. Weil so viele Schuhe um ihn herumtrampeln, kann er allerdings seine Mahl-
zeit gar nicht richtig genießen. Weihnachtsmarkt? Nee, so ein Gewühl ist nichts für
einen Spatzen! Er setzt sich auf die Laterne und beobachtet, wie ein Mädchen eine
Tüte Vogelfutter kauft. Jupheidi! Das ist die nette dunkelhaarige Lena aus der Marktgasse 1. Sie hat ein Vogelhäuschen vor dem Fenster, das immer frisch mit Futter ge-
füllt ist. Ein Geheimtipp, den er bisher noch niemandem verraten hat. Fehlt noch, dass
Elstern, Amseln und die freche Dohle Konrad sich über die leckeren Sachen herma-
chen! Ph! Das Vogelhaus ist schließlich seine Entdeckung! Das gehört ihm ganz allein.

*Leider hat die Elster Lenas Vogelhaus
schon entdeckt. Findest du es auf dem
großen Bild?*

Die Eisenbahn

7. Karl Seibold hat seinen Enkel Frederik abgeholt, um mit ihm über den Weihnachtsmarkt zu bummeln. Vielleicht zum letzten Mal, denn seine Tochter hat ihm vor einer Woche erzählt, dass sie mit ihrer Familie nach Frankreich ziehen wird, weil ihr Mann dort eine neue Arbeitsstelle gefunden hat.

„Kaufst du mir was, Opa Karl?", fragt Frederik.

„Mal sehn", sagt der Opa. „Was möchtest du denn?"

„Eine Wasserspritzpistole!"

„Kommt nicht in Frage", sagt der Opa. „Waffen kauf ich nicht."

„Das sind doch keine echten Waffen. Damit spritzt man doch die Leute bloß nass."

„Trotzdem", sagt Opa. „Waffen erinnern mich an Krieg. Und Krieg ist schlimm."

„Mit Wasserpistolen macht man keinen Krieg. Höchstens Streit", sagt Frederik.

„Mit Streit fängt es an", brummt der Opa und zieht Frederik vom Stand mit den Plastikspielsachen weg. „Ich hab eine viel tollere Idee!"

Frederik will nichts von der tolleren Idee wissen, weil er sich die Wasserspritzpistole in den Kopf gesetzt hat. Aber der Opa lässt sich nicht überreden.

„Flöte find ich blöd", sagt Frederik, als sie bei den Flötenspielerinnen stehen bleiben. „Immer üben! Ich geh nicht mehr in die Flötenstunde."

„Ihr zieht doch in Frankreich in ein Haus am Stadtrand", sagt der Opa.

„Umziehen find ich auch blöd", murrt Frederik. Er hat schlechte Laune.

„Das neue Haus ist ganz toll. Ich hab die Pläne gesehen. Es hat einen ausgebauten Dachboden."

„Was soll ich auf dem Dachboden?", brummt Frederik.

„Zum Beispiel meine Eisenbahn aufbauen", sagt Opa.

„Letztes Jahr hast du mich nicht damit spielen lassen. Du hast gesagt, ich mache alles kaputt."

„Ja, letztes Jahr! Da warst du auch noch klein. Aber jetzt bist du groß genug", sagt der Opa. „Und weißt du was: Ich werd sie dir schenken. Dann ist es deine Eisenbahn, und wenn du sie kaputt machst, ist es dein Problem."

„Du willst mir wirklich deine Eisenbahn schenken?", fragt Frederik ungläubig und bleibt stehen. Er kann es gar nicht fassen, denn der Opa hat seine Modelleisenbahn bisher immer gehütet wie einen kostbaren Schatz.

„Das will ich!", sagt Opa. „Und jetzt kaufen wir einen Bastelsatz für einen neuen Bahnhof. Komm mit." In Frederiks Gesicht scheint wieder die Sonne.
„Kommst du dann auch nach Frankreich und hilfst mir beim Aufbauen?"
„Ehrensache", sagt Opa Karl, und dann murmelt er: „Warte mal, wenn mich nicht alles täuscht, dann steht da vorne mein alter Freund Harry. Mit dem hab ich früher immer die Eisenbahn aufgebaut. Den muss ich unbedingt mal wieder treffen …"

Erkläre Frederik und Opa Karl den Weg
von den Flötenmädchen zum Laden,
in dem es die Modell-Eisenbahnen gibt.

Das Lebkuchenhaus

8. Harry Menzel überlegt lange, ob er in diesem Jahr auf den Weihnachtsmarkt soll. Früher ist er mit seinen Kindern hingegangen. Im letzten Jahr mit seiner Frau. Und jetzt ist er ganz allein. Aber dann entschließt er sich doch zu einem Marktbummel. Während er, auf seinen Stock gestützt, über das Kopfsteinpflaster zum Markt hinunterwandert, werden bei jedem Schritt neue Erinnerungen wach. Der Duft der Mandeln erinnert ihn an seinen Sohn Maxi, der immer so lange quengelte, bis er eine Tüte voll Mandeln bekam. An der Bratwurstbude denkt er an die kleine Kati, die damals dick vermummt im Kinderwagen saß und über und über mit Senf bekleckert wurde, als der Hahn am Senfspender kaputt war.

Zwei Mädchen spielen vor dem Eingang zur Post Flöte. Die erinnern Harry Menzel an die Zwillinge seiner Schwester, die auf jeder Familienfeier ihren Flöten schrecklich schrille Töne entlockten. Er lächelt und wirft fünfzig Cent in den Hut.

An der Bude mit dem Christbaumschmuck kauft er einen kleinen Engel für sein Engelsorchester. Das hat seine Frau Meike auch immer gemacht, obwohl sie schon jede Menge Engel hatten. Es ist ihm so, als schalte jeder Pflasterstein, auf den er tritt, einen Film in seinem Erinnerungskino ein.

Plötzlich entdeckt er seinen ehemaligen Freund Karl. Er hat seinen Enkel an der Hand und trägt immer noch den grünen Trachtenhut mit dem Gamsbart, den er damals zum vierzigsten Geburtstag von seinem Garmischer Großvater geschenkt bekam. Mit Karl hat er früher immer die Eisenbahn für die Kinder aufgebaut.

Harry ist gelernter Elektriker und war für die Schaltungen und Weichen zuständig. Aber dann bekamen sie Streit und haben nicht mehr miteinander geredet. Jahrelang. Warum eigentlich? Den Grund für den Streit hat er längst vergessen. Harry zögert. Aber dann geht er auf Karl zu und begrüßt ihn.

„Der ist aber groß geworden, dein Frederik!", sagt er.

„Ja, das ist er", sagt Karl verlegen. „Wir müssen uns mal wieder treffen. Irgendwann nach Weihnachten, wenn der Besuch wieder weg ist."

„Ja, das müssen wir", sagt Harry und ist froh, dass sie wieder miteinander reden.

„Bis dann!", sagt Karl und lüpft den Hut.

„Bis dann!", sagt Harry und geht weiter zum Lebkuchenstand.

Ein Lebkuchenhaus hat er schon lange nicht mehr gebaut! Und er wird sich Weihnachtstee kaufen, Kerzen anzünden und Weihnachtslieder hören. Richtig Lust hat er darauf. Es wird sich schon jemand finden, dem er das Lebkuchenhaus schenken kann. Er lächelt. Vielleicht Karls Enkel?

Woran erkannte Harry seinen alten Freund Karl?
Wo kauft Harry das Lebkuchenhaus?

Der freche Dackel Florian

9. Das Paketauto hält vor dem Haus in der Marktgasse 1.

„Vierter Stock ohne Lift, oje!", schnauft der Paketbote nach einem Blick auf den Adressenaufkleber. „Wenn es so weiter geht, brauche ich heute Abend nicht ins Fitness-Studio!"

Er läuft die Treppe hoch und klingelt bei Bronner.

Es dauert ein bisschen, bis die Tür geöffnet wird, da Frau Bronner gerade den Teig für die Weihnachtsstollen knetet und erst die klebrigen Hände sauber machen muss.

„Oh, ein Paket für mich!", sagt sie erfreut und nimmt das Paket in Empfang.

„Eine Unterschrift bitte!", sagt der Paketbote. Er schnuppert. Dann sagt er:

„Bei Ihnen riecht´s aber heftig nach Weihnachten!"

„Die Zimtsterne sind schon fertig!", sagt Frau Bronner stolz. „Möchten Sie einen probieren?"

„Gern!", sagt der Paketbote. „Die hat meine Oma früher auch immer gebacken."

Frau Bronner läuft in die Küche, um eine Probe ihrer Backkunst zu holen.

Der Paketbote studiert inzwischen sein Auftragsbuch. Noch fünfzehn Pakete muss er zustellen! Er bemerkt nicht, was hinter seinen Stiefeln passiert.

Da schleicht sich nämlich der Dackel Florian vorbei. Er hat die Schnauze voll von süßem Kram und der Duft von Herzhaftem, der vom Markt heraufdringt, kitzelt seine Nase. Teck-teck-tapp rennt er die Treppe hinunter, zur Tür hinaus und auf die Straße. Hinterm Paketauto vorbei – heij da hätte ihn fast ein Radler erwischt! Er hopst zurück auf den Bürgersteig. Da hockt Zeralda, diese dämliche Katze aus der Marktgasse 3 und sagt: „Glück gehabt, Herr Baldrian!"

„Wäff! Wäääff!", bellt Florian. Er ärgert sich, wenn sie Baldrian zu ihm sagt. Und das weiß sie genau! Und dann noch mal: „Wäff-wäff-wäff". Kurz und scharf. Jetzt macht sie endlich einen Buckel und räumt das Feld. Eingebildet, als wäre sie eine Palastkatze. Na ja, wenn man Zeralda von Zobel heißt...

Jetzt überquert Florian die Straße. Der Duft von Grillwürsten zieht ihn an wie ein Magnet. Aber da gibt es auch noch andere Leckerbissen.

„Wäff!", macht er noch mal und verjagt einen Spatzen, der an einem Stück Weihnachtsstollen herumpickt. Endlich erreicht er den Wurststand. Das Wasser läuft ihm in der Schnauze zusammen wie ein Wasserfall. Aber er muss ziemlich lange warten, bis ein winziges Stück Wurst herunterfällt. Da greift er zur Selbstbedienung. Ein kleiner Junge mit einer viel zu großen Bratwurst im Brötchen scheint ihm das richtige Opfer zu sein. Florian schnappt sich die Wurst aus dem Brötchen. Der Junge plärrt. Er hat nur noch das Brötchen in der Hand. Aber ehe seine Mutter begreift, was passiert ist, ist Florian mit der Beute auf und davon.

Inzwischen hat Frau Bronner ihr Paket ausgepackt. Es ist von ihrer Tochter.

„Sieh mal, da ist auch etwas für dich dabei, Florian!", ruft sie erfreut und hebt ein Hundehalsband in die Höhe. Aber Florian ist nicht da! Wo steckt der bloß?

Sie sucht überall.

„Bestimmt ist dieser Lümmel wieder ausgerissen!", brummt sie ärgerlich. „Treibt sich vermutlich unten auf dem Markt herum." Und weil sie von ihrem Küchenfenster aus den besten Überblick hat, holt sie ihr Opernglas und sucht den Markt ab. „Tatsächlich, da ist er!", sagt sie. „Der Schlingel!"

Wo wohnt Frau Bronner? Entdeckst du das Paketauto und den Jungen, dem die Bratwurst gestohlen wurde? Und wo steckt Florian?

29

Weihnachten bei Özals

10. Eigentlich feiern Özals gar nicht Weihnachten, denn sie sind Muslime. Im Koran, ihrer Heiligen Schrift, wird zwar auch von Jesus, dem Sohn der Maria, erzählt. Aber die Moslems feiern seinen Geburtstag nicht. Für sie ist Mohammed der wichtigste Prophet.

Trotzdem feiern die Özals an Weihnachten, denn der 24. Dezember ist Mirjams Geburtstag. Sie wird in diesem Jahr acht und hat sich einen Geburtstagskranz mit Kerzen gewünscht, so wie ihn ihre Freundin Anna jetzt zu Hause auf dem Tisch stehen hat. Dicke rote Kerzen sollen es sein. Und acht Kerzen statt vier. Für jedes Jahr eine. Die bekommt man am besten auf dem Weihnachtsmarkt, hat Anna gesagt. Das ist der Grund, warum Mirjam mit ihrer Mutter jetzt über den Markt geht. Der kleine Aykan ist im Kinderwagen dabei. Er quengelt und gibt nicht eher Ruhe, bis er eine Schokobanane bekommt. Es dauert gar nicht lange, da hat er sich das ganze Gesicht verschmiert. Dann möchte er unbedingt eine von den bunten Christbaumkugeln.

„Lieber nicht. Die sind aus dünnem Glas und sehr zerbrechlich", sagt Mirjam und putzt ihm mit einem Taschentuch die Schokoladenspuren aus dem Gesicht.

„Haben", sagt Aykan und deutet energisch auf einen Brummkreisel, den ein Verkäufer an seinem Stand tanzen lässt.

„Vielleicht zu deinem Geburtstag", sagt Frau Özal. Sie gehen weiter und entdecken einen Stand mit Kerzen. Mirjam darf sich acht rote Kerzen aussuchen. Rot ist ihre Lieblingsfarbe. Sie lächelt zufrieden und sagt: „Anna hat bloß vier!"

„Da braucht ihr aber einen großen Kranz!", brummt der Kerzenverkäufer. „Das wird teuer!"

„Den macht meine Mama aus Tannenzweigen", sagt Mirjam stolz. „Der kostet nix!"
Der Marktspaziergang hat hungrig gemacht. Auf einem Holzkohlengrill bruzzeln Bratwürstchen und duften verführerisch. Mirjam möchte gern eins probieren. Aber ihre Mutter sagt: „Kind, da ist Schweinefleisch drin und du weißt, dass wir Muslime das nicht essen sollen. Wir gehen auf dem Rückweg bei Mustafa am Dönerladen vorbei."

Mirjam ist einverstanden. Döner mag sie auch sehr gern. Mustafa füllt frische Baguettebrötchen mit vielen knusprigen Fleischstückchen, Salat und leckerer Zaziki-Soße.

Aber Aykan ist nicht einverstanden. Er quengelt und schreit.

„Was willst du denn jetzt schon wieder?", sagt Mirjam, die der kleine Bruder langsam ziemlich nervt.

„Ich glaube, er hat Hunger", seufzt Frau Özal. „Wir müssen jetzt nach Hause!"

„Ich glaub, ich weiß, was los ist!", sagt Mirjam und lacht. „Aykan hat
seinen Teddy verloren. Ich lauf eben los und hole ihn …"

Wo hat Aykan seinen Teddy verloren?
Was kann man an diesem Ort kaufen?

Wo steckt Lilli?

11. Lilli geht mit Mama auf den Weihnachtsmarkt. Leider ist Lilli nicht sehr groß und so kann sie nur die Sachen sehen, die ganz oben in den Buden hängen. „Mama, heb mich hoch!", sagt Lilli. Eine Weile nimmt Mama Lilli auf den Arm, aber dann sagt sie: „Lilli, tut mir Leid, zum Herumtragen bist du jetzt wirklich zu groß! Mir tut schon der Rücken weh."

Vor dem Stand mit dem Christbaumschmuck bleiben sie eine Weile stehen. Mama kauft Lilli einen lustigen Tannenbaumanstecker. Danach muss Lilli wieder selber laufen.

So kommt es, dass Lilli vor allem Wintermantelknöpfe, Anoraktaschen, Einkaufskörbe, Ärmel, Stiefel, Hosenbeine, Tischbeine, Einkaufstaschen, matschigen Boden, weggeworfene Pappbecher, senfbekleckste Pappteller und die Stoffverkleidungen der Marktstände sieht.

Die schönen Dinge auf den Regalen in den Marktständen kann sie von unten nicht sehen. Aber dafür sieht sie Sachen, die die Erwachsenen nicht entdecken: Dackel Florian, Katze Zeralda und den Spatzen Fritz. Und sie hört eine Spieluhr, ein Geigenlied, Flötenspiel und eine Leierkastenmelodie. Sie packt ihre Mama fester an der Hand und zieht sie energisch zu dem Leierkastenmann hin, der neben der Kirche an der Ecke steht. Wie praktisch, dass Mama dort eine Bekannte trifft, die sie aus dem Yoga-Unterricht kennt! Mama ist jetzt beschäftigt und Lilli kann sich

in aller Ruhe den Leierkasten ansehen. Interessiert sieht sie zu, wie der Leierkasten-
mann jetzt die Kiste aufmacht und die Liedrollen wechselt. Es sind Pappkarten, in
die für jeden Ton ein Loch eingestanzt ist. Lilli darf sich ein Lied wünschen. Sie
wünscht sich *Morgen kommt der Weihnachtsmann*, obwohl das ja gar nicht stimmt.
Der kommt bekanntlich erst am 24. Dezember.
„Ist der echt?", fragt ein Junge und deutet auf den Affen, der auf der Orgel hockt.
„Blödmann", brummt Lilli. „Dann tät er doch zappeln!"
Der Junge streckt ihr die Zunge heraus. Lilli zeigt ihm den Vogel. Lillis Mama
bemerkt von all dem nichts, denn sie unterhält sich immer noch mit ihrer Bekann-
ten aus dem Yoga-Kurs. Längst hat sie Lillis Hand losgelassen.
Jetzt spürt Lilli eine feuchte Schnauze an ihrer Hand. Es ist der Dackel, den sie
vorhin schon gesehen hat. Ob er sich verlaufen hat? Er ist nett. Sie streichelt ihn.
Als er wegläuft, folgt sie ihm. Er sieht noch weniger als ich, denkt Lilli. Weil er
noch kürzere Beine hat. Und dann schnuppert der Dackel und läuft auf einmal ganz
schnell. Lilli rennt hinterher und sieht, dass der Dackel die Bratwurstbude ansteuert.
Genauer gesagt, den kleinen Jungen, der ein Brötchen mit einer riesenlangen Brat-
wurst in der Hand hält. Schwuppdiwupp hat der Dackel die Bratwurst geschnappt.
Der Junge sieht auf sein Brötchen und plärrt. Aber Lilli muss lachen, denn der
Dackel kommt jetzt mit der Wurst auf sie zugerannt, als wolle er sie mit ihr teilen.
Beim Leierkastenmann herrscht inzwischen helle Aufregung.
„Lilli! Wo ist meine Lilli!", ruft Lillis Mama erschrocken.
„Eben war sie noch da!", sagt der Leierkastenmann.

„Es wird sie doch keiner entführt haben", sagt die Frau aus dem Yoga-Kurs, die ziemlich viele Krimis liest.

„Bestimmt hat sie sich bloß verlaufen", sagt eine junge Frau. „Sie sollten zur Marktpolizei gehen. Da werden verloren gegangene Kinder früher oder später immer abgegeben."

Wo steckt Lilli? Sie trägt einen kleinen Tannen-baumanstecker an der linken Seite ihrer Jacke. Welche Tiere trifft sie?

Der Leierkastenmann

12. Boris war früher Pilot bei einer Fluggesellschaft. Er flog in der ganzen weiten Welt herum. Bis er eines Tages eine „Bruchlandung" machte: Die Fluggesellschaft ging pleite und er verlor seinen Job! Eine Weile machte Boris sein Hobby zum Beruf und spielte Saxophon in einer Band. Aber dann konnte er die Tabakluft in den Jazz-Lokalen nicht mehr vertragen. Jetzt trägt er morgens die Zeitung aus und nachmittags zieht er mit dem Leierkasten herum, den er von seinem Onkel Bogdan, einem alten Orgelbauer, geerbt hat. Es ist ein wunderschöner, bunt bemalter Leierkasten, den er liebevoll pflegt. Und weil einige Rollen mit den wichtigsten Weihnachtsmelodien dabei sind, spielt Boris auch auf dem Weihnachtsmarkt.

Auch heute steht Boris an der Ecke und spielt. Uwe und Sascha kommen gerade vom Fußballtraining. Sie bleiben stehen und hören eine Weile zu.

„Wollt ihr euch ein Lied wünschen?", fragt Boris.

Die beiden sehen sich fragend an.

„So ein Tag, so wunderschön wie heute", grinst Uwe. „Wir haben nämlich gegen die Jungs aus der Achten gewonnen. Haben Sie das drauf?"

„Ist nicht gerade ein Weihnachtshit," brummt der Leierkastenmann. „Aber das hab ich neulich mal bei einer Hochzeit gespielt. Mal sehen, ob ich's finde …"

Er kramt in dem Fach mit den Melodien, die in Lochkarten eingestanzt sind.

„Da ist es!", ruft er schließlich vergnügt und hält einen gelochten Pappstreifen hoch.

„Echt?", ruft Uwe verblüfft, der mit seinem Wunsch eigentlich nur einen Witz machen wollte.

„Ich finde, dass passt prima zum heutigen Tag, oder?", brummt Boris.

Die Jungen sehen ihm zu, wie er den Lochstreifen einlegt.

„Das ist Drehorgel-Software", sagt der Leierkastenmann. „Wisst ihr übrigens, dass gelochte Karten die Vorläufer von euren modernen Computerprogrammen waren?"

„Wussten wir nicht", gesteht Sascha. Und dann staunen die beiden, weil der Lochstreifen dem Leierkasten tatsächlich die von ihnen gewünschte Melodie entlockt.

„Die Kurbel bringt die Sache zum Laufen, und ich bin der Motor", sagt Boris, während er gefühlvoll die Kurbel dreht. „Wollt ihr auch mal?"

Uwe legt seine Fußballstiefel neben Saschas Sporttasche und greift nach der Kurbel. Aber das ist gar nicht so einfach. Wenn man zu schnell oder zu langsam dreht, klingt es wie Katzenmusik.

„Tscha, alles will gelernt sein", sagt Boris. Und dann erzählt er den Jungen von früher. Und dass er mal Pilot war. Einer der ersten, die eine Düsenmaschine geflogen haben. Die beiden sind beeindruckt.

„Und da sind sie heute Drehorgelmann und nicht Astronaut?", wundert sich Sascha.

„Das Hobby eines Rentners. Es liegt in der Familie ...", sagt Boris und lächelt. Sicher hätten sich die drei noch lange unterhalten, wenn jetzt nicht die Kirchturmuhr vier geschlagen hätte.

„Oje, wir sind um Viertel vor vier an der Post mit Oskar verabredet!", ruft Sascha. „Wir wollten seinen neuen Fußball ausprobieren."

„Hoffentlich hat er auf uns gewartet", sagt Uwe.

„Wir kommen wieder vorbei!", ruft Sascha dem Leierkastenmann zu und dann sausen die beiden los.

Na, hat Oskar auf Boris und Sascha gewartet?
Vielleicht entdeckst du ihn ja?

Der Taschendieb

13. Wenzel schiebt sich mit hochgeschlagenem Kragen und eingezogenen Schultern durch das Schneegestöber. Er geht ins Kaufhaus und wärmt sich ein bisschen auf. Aus den Lautsprechern an der Decke erklingt leise Weihnachtsmusik. Missmutig sieht er sich um. Wenzel macht sich nichts aus Weihnachten. Er kriegt sowieso nichts geschenkt. Einen Augenblick überlegt er, ob er eine der kleinen Kameras, die vor ihm auf dem Tisch liegen, in die Tasche schieben soll. Aber dann entdeckt er den Kaufhausdetektiv hinter der Säule. Der hat ihn schon einmal erwischt, als er eine Armbanduhr mitgehen ließ. Ob er ihn wieder erkannt hat? Mit eiligen Schritten strebt er dem Ausgang zu. Inzwischen hat es aufgehört zu schneien. Wenzel schiebt die Hände in die Taschen. Ausnahmsweise mal in die eigenen. Und dann lächelt er. Heute wird doch der Weihnachtsmarkt eröffnet! Das ist eine gute Gelegenheit, um ein paar „Schnäppchen" zu machen. Bis zum Marktplatz ist es nicht weit.

Wenzel geht immer der Nase nach. Der Duft von gebrannten Mandeln, Glühwein und Bratwürstchen führt ihn genau an die richtige Stelle. Dichtes Gedränge herrscht zwischen den Marktständen. Die Leute sind aber auch wirklich leichtsinnig! Sie bezahlen ihre Einkäufe und stecken dann die Geldbörsen in Manteltaschen oder legen sie in Einkaufskörbe, wo sie jedem Taschendieb zurufen: „Hol mich heraus!"

Wenzel grinst. Der dicke Mann dort an der Glühweinbude dürfte ein leichtes Opfer sein! Er hat schon ein bisschen viel getrunken und diskutiert laut mit seinem Nachbarn über Fußball und Politik. Wenzel drängt sich zwischen die beiden und bestellt ein Glas Tee. Dabei rempelt er den dicken Mann an.

„Verzeihung!", sagt Wenzel.

„Pass doch auf, du Trottel", schimpft der dicke Herr Andersen.

„Jetzt hab ich mein Glas umgestoßen."

„Tut mir wirklich Leid. Ich bestelle ein neues für Sie", sagt Wenzel freundlich.

Er bestellt, bezahlt und gibt der Bedienung ein großzügiges Trinkgeld. Herr Andersen grummelt noch ein bisschen. Dann sagt er versöhnlich: „Kann ja jedem mal passieren!" Er ahnt nicht, dass Wenzel ihn absichtlich angerempelt hat, um an seine Brieftasche zu gelangen,

und dass er das neue Glas Glühwein bereits mit dem gestohlenen Geld bezahlt hat. Wenzel trinkt seinen Tee und geht weiter.

Eine Spieluhr in der Bude mit dem Christbaumschmuck spielt *Morgen, Kinder, wird´s was geben* und Wenzel pfeift aus vollem Herzen mit.

Er entdeckt eine alte Frau, die Früchtebrot und Gewürze am Lebkuchenstand einkauft und ihre Geldbörse zu den Einkäufen in den Henkelkorb legt. Das hätte sie lieber nicht tun sollen. An der nächsten Ecke schon hat sich Wenzel die Börse geschnappt. „Nun, das läuft ja heute wie geschmiert", murmelt er. „Sieh mal an! Da sind ja glatt ein paar Hunderter drin!" Wenzel nimmt das Geld und wirft die leere Börse in den nächsten Papierkorb. Falls man ihn schnappt, wird man außer Geld nichts bei ihm finden.

Und dann steht er plötzlich vor der Krippe. Die Kinder drängen sich davor. Es ist dunkel geworden und die Krippe ist erleuchtet. Wenzel sieht auf das Jesuskind im Stall und dann erinnert er sich plötzlich daran, wie er mit seiner Großmutter an Weihnachten immer in die alte Dorfkirche gegangen ist, um dort die schöne Krippe anzusehen. Und er erinnert sich an die Geschichten die ihm seine Großmutter erzählt hat. Damals, als ihm Weihnachten noch nicht egal war. Lange ist es her. Viel ist inzwischen passiert. Seine Großmutter ist längst tot. Und doch ist ihm plötzlich, als sähe sie ihn an. Denn drüben auf der anderen Seite der Krippe steht jetzt die alte Frau, die er bestohlen hat. Sie hat ein dunkles Kopftuch mit Blumen auf, genau wie seine Großmutter damals. Er geht ein paar Schritte näher zu ihr und stellt sich neben sie. In die Augen sehen mag er ihr nicht. Sie unterhält sich mit einer jungen Frau und erzählt, dass sie gerade ihre Rente abgehoben hat, um

Geschenke für ihre Enkelkinder zu kaufen. Ein komisches
Gefühl beschleicht Wenzel. Ein Gefühl, von dem er gedacht hat, dass er es gar nicht
mehr kennt: er schämt sich! Plötzlich entdeckt er, dass er obendrein ein schlechtes
Gewissen hat.

Verärgert dreht er sich um und läuft weg.

Er kommt an den Papierkorb, in den er die leere Börse der Rentnerin geworfen hat,
bleibt stehen und wühlt hastig darin herum, bis er sie findet. Er legt das Geld wieder hinein. Dann geht er zur Krippe zurück. Die alte Frau ist verschwunden. Wenzel
entdeckt sie am Spielwarenstand. Dort will sie gerade die Puppe bezahlen, die sie
für ihre Enkeltochter ausgesucht hat. Sie wühlt zwischen Lebkuchentüten im Korb
herum und ruft erschrocken: „Oh Gott! Mein Geld ist weg! Ich hab es doch eben erst
von der Bank geholt! Sie erinnern sich doch, dass ich gesagt habe, legen Sie bitte
die Puppe zurück, ich muss noch zur Bank!"

„Schon!", sagt der Mann. „Aber ohne Geld kann ich Ihnen die Puppe nicht geben.
Vielleicht hat man Sie bestohlen?"

„Entschuldigung! Darf ich durch?", sagt Wenzel und drängt sich an der alten Frau
vorbei. Unauffällig schiebt er dabei die Geldbörse in ihre Manteltasche.

„Sehen Sie doch noch mal in aller Ruhe nach", rät eine junge Verkäuferin.
„Vielleicht haben Sie das Geld in die Tasche gesteckt? Da ist es sowieso besser
aufgehoben als im Korb."

„Tatsächlich!", sagt die alte Frau verlegen und zieht die Geldbörse aus der Manteltasche. „Und dabei hätte ich geschworen, dass ich sie vorhin am Lebkuchenstand
in den Korb gelegt habe. Nun, man wird alt und vergesslich."

Wenzel beobachtet die Szene aus der Ferne. Er ist sehr nachdenklich geworden.
Ob er noch eine Chance hat, so zu werden, dass er seiner Großmutter wieder in die
Augen sehen könnte? Vielleicht ist es ja noch nicht zu spät ...

*Wenzel hat auch die leere Brieftasche von Herrn
Andersen sofort weggeworfen. Sie liegt irgendwo
am Boden, kannst du sie entdecken?*

Post vom Weihnachtsmann

14.

Jeremy und Julia sitzen am Küchentisch und schreiben ihre Wunschzettel. „Kann ich noch ein Blatt haben?", fragt Jeremy. Ihm fällt so viel ein.

„Das ist gemein", sagt Julia. „Ich bin erst in der ersten Klasse und kann noch nicht so schnell und so viel schreiben wie Jeremy."

„Male Bilder", rät Mama. „Das versteht der Weihnachtsmann auch."

Als Papa heimkommt, liegen die Wunschzettel auf dem Flurtisch.

An den Weihnachtsmann am Nordpol

„Ich kann die Post morgen früh mitnehmen. Ich muss zum Flugplatz", sagt Papa und steckt die Briefe in seine Aktentasche.

Als Papa Julia und Jeremy ins Bett bringt, sagt er: „Wenn der Weihnachtsmann euer Zimmer sehen könnte, wäre er sicher nicht begeistert."

„Kann er aber nicht. Der Vorhang ist zu", sagt Jeremy.

„Trotzdem solltet ihr aufräumen. Kommt, wir helfen zusammen", sagt Mama. Murrend krabbeln die beiden über den Fußboden und werfen die Spielsachen in die Kisten. „Schade, am Traktor fehlt ein Rad", sagt Papa.

„Macht nichts. Ich hab mir sowieso einen neuen gewünscht", sagt Jeremy.

„Die Bilderbücher sind ziemlich zerrissen", sagt Mama. „Das kommt davon, wenn ihr alles so achtlos herumschmeißt."

„Das kommt davon, weil wir abends aufräumen müssen", sagt Jeremy. „Und wenn man die vollen Kästen unters Bett schiebt, dann klemmt es."

Papa und Mama sehen sich an.

„Wie lange braucht die Post zum Nordpol?", fragt Julia.

„Keine Ahnung", sagt Papa. „Vermutlich ein paar Tage."

Aber schon zwei Tage später bekommen Jeremy und Julia ein Paket. Es liegt auf dem Küchentisch, als sie aus der Schule kommen.

Als Absender steht *Weihnachtsmann Nordpol* drauf.

„Juhu! Dürfen wir's schon aufmachen?", fragt Jeremy neugierig.

Mama dreht das Päckchen hin und her. Es ist schwer und es klappert. Sie überlegt: „Nun, es steht nicht drauf, dass es erst an Weihnachten geöffnet werden darf!"

„Gib her! Gib her!", ruft Jeremy ungeduldig.

Er nimmt das Paket und reißt das Papier auf. Eine braune Schachtel kommt zum Vorschein.

„Mach auf!", drängelt Julia. Als Jeremy den Deckel öffnet, bleibt den beiden für einen Moment die Sprache weg.

„Werkzeug", sagt Jeremy enttäuscht.

„Leim, Faden und eine Schere", murmelt Julia. „Und ein Brief!", sagt Jeremy.

Er macht ihn auf. Da steht:

Liebe Julia, lieber Jeremy,
leider kann ich euch erst neue Spielsachen bringen,
wenn ihr die alten repariert habt.
Anbei das Werkzeug.
In Eile: Weihnachtsmann

„Oje!", sagt Julia. „Da hat er doch durchs Fenster geguckt."

„Mist", sagt Jeremy.

„Ich helfe euch", verspricht Mama. Und dann machen sie sich an die Arbeit.
Nach einigem Suchen findet Jeremy das Rad für den Traktor, den Ladearm des
Krans und das Lenkrad für das Auto. Er repariert Spielsachen und klebt zerrissene
Bilderbuchseiten wieder zusammen. Mama näht dem Teddy den Arm an und zeigt
Julia, wie man Knöpfe an Puppenkleider näht.

„Was ist denn hier los?", fragt Papa, als er nach Hause kommt. „Sieht ja wie eine
Weihnachtswerkstatt aus!"

„Etwas Ähnliches ist es auch", sagt Jeremy und zeigt ihm den Brief vom Weihnachtsmann. „Wir haben fast alles repariert. Glaubst du, dass er jetzt unsere Wünsche erfüllt?"

„Vielleicht", sagt Papa. „Lasst mal heute Nacht den Vorhang offen ..."

*Wo könnte der Weihnachtsmann auf dem Weih-
nachtsmarkt Schuhe für Julias Puppe finden?*

Der Weihnachtsbaumverkäufer

15.

Paul hat einen wattierten Mantel an und dick gefütterte Handschuhe. Seine Füße stecken in Pelzstiefeln. Er trägt Ohrenschützer und eine Pelzmütze. Trotzdem ist seine Nase rot vor Kälte. Seit drei Tagen schon steht er jeden Tag von früh bis spät an der Ecke, um seine Tannen zu verkaufen. Einige stehen in Ständern. Die meisten sind noch zugebunden und nach Größe und Nadelart geordnet.

„Zeigen Sie mir bitte diesen hier!", sagt eine Dame in Pelzmantel und Lackstiefeln und deutet auf einen Baum in der hintersten Reihe.

Paul holt den Baum heraus, schnürt ihn auf. Dann staucht er ihn mit einem kräftigen Ruck auf den Boden, damit der Schnee herunterfällt und die Zweige sich entfalten. „Ein schönes Stück", lobt er den Baum.

„Vielleicht finden wir noch einen schöneren?", sagt die Dame und geht an der Reihe der unausgewickelten Bäume entlang. „Den vielleicht?"

Paul holt den Baum heraus und richtet ihn auf.

„Nun, der ist vielleicht ein bisschen zu groß", überlegt die Dame.

„Soll ich ihn absägen?", fragt Paul.

„Der hier hat eine hübschere Spitze", findet die Frau und zeigt auf einen Baum, der ganz rechts in der Ecke steht. Paul holt den Baum aus der Ecke. Doch der Baum ist zu breit und der nächste zu schmal. Der übernächste hat zu dünne Nadeln. Geduldig holt Paul einen Baum nach dem anderen.

„Wissen Sie was", sagt Paul schließlich freundlich. „Malen Sie den Baum, den Sie haben möchten, und bringen Sie mir morgen das Bild. Dann lass ich ihn nach Ihren Angaben wachsen. Das dauert allerdings ein paar Jahre."

Da hat die Frau dumm geguckt. Und dann ist sie weitergegangen. Ohne Baum.

Zum Glück kommt jetzt Pauls Frau, um ihm zu helfen. Sie hat eine Thermoskanne mit heißem Kaffee dabei. Kannst du sie entdecken?

Die Katze Zeralda

16. Die Katze Zeralda sitzt auf der Haustreppe vor der Marktgasse 1 und putzt sich das Fell. Sie hat schlechte Laune, denn die Studentin Melissa, bei der sie wohnt, hat im Augenblick kaum Zeit für sie. Sie spielt nicht mehr mit ihr, streichelt sie kaum. Neulich hat sie zwei Tage das Katzenklo nicht gesäubert.

Manchmal vergisst sie sogar, den Fressnapf zu füllen. Bloß wegen einer blöden Prüfung in der nächsten Woche. Was soll man davon halten? Die Menschen wissen nicht, was wirklich wichtig ist im Leben: man muss sich umeinander kümmern, wenn man zusammenlebt! Nun, eine unabhängige Katze kann zum Glück für sich selbst sorgen, wenn der Magen knurrt. Ein Mäusefrühstück ist drüben bei der Kirchentreppe sicher leicht zu erwischen. Und auf dem Markt gibt es auch allerhand Leckerbissen.

Während Zeralda so ihren Gedanken nachhängt, hört sie Fahrradbremsen quietschen. Ein Mann flucht: „Kannst du nicht aufpassen, verflixter Dackel!"

Es ist der Dackel aus dem Nebenhaus, der da gerade vor das Rad eines Kuriers gelaufen ist. Wie heißt er doch gleich? Adrian, Florian oder Baldrian? Typisch Dackel: guckt nicht nach rechts und nicht nach links. Und dann passiert´s!

„Glück gehabt, Herr Baldrian!", sagt Zeralda, als der Dackel bei ihr vorbeikommt.

Ein unhöfliches Kläffen ist die Antwort. Der Dackel ärgert sich wohl über sich selber und das lässt er an anderen aus. Typisch, denkt Zeralda.

Jetzt kommt er näher und kläfft, dass man seine fiesen Reißzähne sehen kann. Zeralda macht einen drohenden Buckel.

Doch das beeindruckt den frechen Kläffer wenig. Zeralda weiß, wann sie gehen muss. Sie läuft ein paar langsame, würdevolle Schritte im Tigergang, dann rettet sie sich mit einem eleganten Satz auf eine Fensterbank. Diesen Sprung soll er doch erstmal nachmachen, der Baldrian Krummhaxe!

Eine Weile bleibt sie sitzen und reckt die Nase in die Höhe. Der Dackel ist für sie Luft. Aus den Augenwinkeln beobachtet sie, wie er jetzt über den Weihnachtsmarkt streift. Nun, sie wird sich auf die andere Seite schlagen, damit sie dieser laufenden Sofarolle nicht noch einmal begegnet. Drüben bei der Kirche gefällt es ihr sowieso besser, denn unter der Kirchentreppe wohnt eine Mäusefamilie mit vielen Kindern. Mal sehen, was da los ist ...

Sieben graue Mäuse sind auf dem
Weihnachtsmarkt unterwegs.
Kannst du sie entdecken?
Und wo lauert Zeralda?

Mäuseweihnachten

17. „Achtung! Katze!", ruft der Mäusepapa und stößt einen schrillen Warnpfiff aus. Blitzschnell flitzt er in das Mauseloch unter der Kirchentreppe. Drei Mäusekinder huschen hinter ihm her in die Wohnhöhle, wo es nach frischem Kuchen duftet.

„Eine fette Katze hockt oben auf dem Budendach hinter den Tannenzweigen und denkt, dass wir so dumm sind und sie nicht entdecken!", schnauft Mäusepapa. Er ist ziemlich außer Puste.

„Gefahr erkannt, Gefahr gebannt!", brummt der Mäuseopa, der gemütlich auf dem Küchensofa liegt und in einem Mäusecomic blättert.

„Wo steckt Pfeffer?", erkundigt sich Mäusemama besorgt und holt den Apfelstrudel aus dem Backofen. „Hoffentlich passt er auf!"

„Der treibt sich irgendwo auf dem Markt herum und macht Unsinn. Gestern hat er beim Gully mit den Kanalratten gerauft!", berichtet Mäuselotte.

„Vorgestern hat er den Dackel aus der Marktgasse Nr. 3 so geärgert, dass der vor Kläffen ganz heiser wurde", ergänzt Mäusemax.

„Außerdem hat er vielleicht keinen Hunger, er hat Käse aus der Speisekammer geklaut", sagt Mauseline.

„Jetzt reicht´s aber mit der Petzerei", brummt der Mäuseopa ärgerlich und setzt sich an den Küchentisch. „Pfeffer ist jetzt alt genug, um auf sich selbst aufzupassen."

„Aber auf dich muss man aufpassen!", sagt Mäusemama, weil Mäuseopa heimlich vom warmen Kuchen nascht und sich die Pfoten am heißen Blech verbrennt.

„Wann backen wir Weihnachtsplätzchen?", fragt Mäuseopa, während er die Pfoten unters kalte Wasser hält.

„Von mir aus heute. Aber ich brauch noch Nüsse und Gewürze für die Mandelplätzchen und Oblaten für die Ma-
kronen", sagt Mama Maus, „und Hefe aus der Bäckerei."
„Gleich nach dem Kaffeetrinken besorge ich alles", verspricht der Mäusepapa.

„Ich komm mit!", ruft Mäuselotte. „Ich auch!", rufen die anderen Mäusekinder.
 „Ich auch!", ruft Pfeffer, der jetzt durch den Hintereingang hereingefegt kommt.
„Was gibt es?" „Apfelstrudel", sagt Mäusemama.

„Typisch! Schreit schon ‚ich auch', ehe er weiß, worum es geht", sagt Mäuselotte.
Die Mäusekinder fallen gierig über den leckeren Apfelstrudel her. Es sind nur noch
sechs im Haus, weil Mausi, die Älteste, mit ihrem Verlobten in das hübsche Puppenhaus auf dem Dachboden in der Kirchengasse 12 gezogen ist. Sie hat jetzt selbst
fünf kleine Babys. Neue Mäuse braucht das Land, sagt Mäuseopa immer.
Während die jungen Mäuse schwatzen und schmatzen, überlegt Mäusemama,
welche Rezepte sie in diesem Jahr backen soll.
„Auf jeden Fall Käsekekse und Rollmopsmakronen", sagt Mäusepapa, „die macht
keiner so gut wie du."
„Wer hilft mir heute beim Abwaschen und Backen?" Mäusemama wirft einen Blick
über den Rand ihrer Mäusebrille. Alle wollen plötzlich lieber mit Papa zum Markt.
„Ich helfe. Aber nur, wenn ich die Schüsseln auskratzen darf – und wenn ihr einen
Nussknacker mitbringt", lispelt der Mäuseopa mit erhobenem Löffel. „Ich hab mir
im letzten Jahr beim Nüsseknacken zwei Zähne ausgebissen!"
Auch Pfeffer will nicht mit zum Einkaufen. Er lümmelt sich aufs Sofa und blättert
in Opas Mäusecomic. „Ihr müsst den Geheimausgang nehmen. Eine Katze lauert an
der Treppe", warnt er die anderen.
„Na also. Pfeffer hat die Katze auch entdeckt", sagt der Mäuseopa zufrieden.
„Hab ich nicht gesagt, dass er jetzt alt genug ist, um auf sich selbst aufzupassen?"

Wo findet Papa Maus den Nussknacker?

Flötentöne

18. Die Zwillingsschwestern Marie und Luise haben seit drei Jahren Flötenunterricht. Sie üben nicht besonders gern. Daher ist die Anzahl der Lieder, die sie spielen können, begrenzt. Fünf Weihnachtslieder sind allerdings auch dabei. Daher kommen sie auf die Idee, auf dem Weihnachtsmarkt flöten zu gehen und ihre musikalische Ausbildung zum Geldverdienen zu benutzen. Rund zwanzig Euro fehlen nämlich noch zu dem Geschenk, dass sie ihrer Mutter zugedacht haben. Die sollten sich doch verdienen lassen? Um drei Uhr stellen die beiden ihre Notenständer vor der Post auf, weil da die meisten Menschen vorbeikommen. Dann holen sie tief Luft und flöten los. Es ist anstrengender als sie gedacht haben. Einige Leute werfen ein paar Münzen in den Hut. Ehrlich gesagt mehr aus Mitleid, als aus Bewunderung. Die Zwillinge haben schon ganz rote Finger, weil es so kalt ist und weil man mit Handschuhen schließlich nicht flöten kann. Gegen halb vier machen die beiden eine Pause und trinken einen Becher warmen Tee aus der Thermosflasche.

Um diese Zeit kommt Melissa Schmidt von der Uni nach Hause. Sie ist Studentin und bewohnt mit ihrer Katze Zeralda seit drei Monaten die kleine Erdgeschoss-Wohnung neben der Post. Als erstes lässt sie ihre Katze raus, die den ganzen Morgen allein in der Wohnung war. Dann legt sie ihre Bücher auf dem Schreibtisch ab und schaltet den Computer ein. Sie muss unbedingt die Arbeit fertig schreiben, die sie am Montag abgeben soll. Kurz darauf schon steckt sie mitten in der Arbeit. Sie ist gerade an einer besonders schwierigen Stelle, da kommen die Flötenkünstlerinnen Marie und Luise zurück. Ausgerechnet vor Melissas Fenster stellen sie sich wieder zum Flöten auf. Die hohen Töne dringen durch die Scheiben wie Ohrenpfeile. Melissa stopft sich Watte in die Ohren. Das geht nur eine Weile gut. Noch nie hat Melissa „Stille Nacht" so laut gehört!!!

Und das dreimal hintereinander! Sie versucht mit Kopfhörern und klassischer Musik gegen die Ohrenpein anzukämpfen. Und dann hält sie es nicht mehr aus. Sie schlüpft in ihren Mantel und geht vor das Haus. Kurz entschlossen geht sie auf die Mädchen zu und fragt:

„Könnt ihr nicht woanders spielen?"

„Hier ist der beste Platz. An der Post kommen alle vorbei. Wir haben schon zehn Euro verdient!" Die beiden sehen Melissa so strahlend an, das sie nicht unfreundlich sein kann.

„Und wie viel braucht ihr noch?", erkundigt sich Melissa.

„Wir brauchen noch mal so viel für das Geschenk, das wir für unsere Mama kaufen wollen!", erklärt Luise.

„Okay", seufzt Melissa. Sie zieht einen Geldschein aus der Tasche und legt ihn in den Hut.

„Danke!", rufen die Zwillinge erfreut. „Dafür dürfen Sie sich zweimal fünf Melodien wünschen!"

„Ich wünsche mir fünf Stunden Pause, die Stunde für 2 Euro!", sagt Melissa. Verblüfft sehen sich die beiden an. Melissa erklärt ihnen, dass sie lernen muss und dass sie ihre Flötenkunst davon abhält. Enttäuscht ziehen Marie und Luise ab.

„Meinst du, ihr hat unsere Musik nicht gefallen?", grübelt Marie.

„Egal", sagt Luise. „Ich hatte sowieso keine Lust mehr. Es war viel zu kalt. Nächstes Jahr suchen wir uns einen Job im Warmen."

„Wir könnten in einem Orchester spielen", überlegt Marie.

„Ich glaub, da müssen wir noch ein bisschen üben", seufzt Luise.

Wo ist Melissas Katze?

Flügel für Benno

19. Benno kann nicht mehr laufen. Seit dem Autounfall damals. Ein betrunkener Autofahrer hat sein Fahrrad übersehen, als er aus der Seitenstraße kam. Jetzt kann er sich nur noch im Rollstuhl fortbewegen. Seit kurzem spielt er in einer Behinderten-Mannschaft Handball. Dafür macht er ein bisschen Aufbautraining im Sportclub. Das ist anstrengend, aber er freut sich darauf.

Heute fährt Benno nach dem Training in die Stadt, um Sachen für die Schule zu kaufen, und anschließend auf den Weihnachtsmarkt. Er sucht noch ein Weihnachtsgeschenk für seine kleine Schwester. Vielleicht eine von den Kasperlepuppen? Aber die sind ziemlich teuer. Er schiebt sich weiter durch das Gewühl.

„Fliegen müsste man können!", denkt er, als er an dem Stand mit den Weihnachtsengeln vorbeirollt. Es ist kurz nach vier Uhr und er hört, wie eine Frau sagt: „Ich kaufe einen Schutzengel."

„Nun, mein Schutzengel hat gründlich versagt", murmelt Benno ein wenig bitter. „Warum hat er mich nicht vor diesem schrecklichen Unfall bewahrt?"

Mit düsterer Miene fährt er weiter. Und dann kommt tatsächlich so etwas wie ein Engel auf ihn zu: Frau Huth, seine neue Mathelehrerin. Sie hat zwei Engelsflügel über der Schulter hängen.

„Hallo, Benno!", sagt sie und als sie Bennos fragenden Blick bemerkt, fügt sie lachend hinzu: „Das sind die Flügel für meinen Sohn Lukas. Er braucht sie für das Krippenspiel drüben in der Kirche und hat sie im Kofferraum liegen lassen!"

„Ach so", sagt Benno. „Schade, dass man damit nicht fliegen kann. Ich meine in echt." Frau Huth begreift sofort, was Benno meint, und sagt:

„In echt vielleicht nicht. Aber in Gedanken. Komm doch mit und sieh dir das Krippenspiel an. Und danach kommst du ein bisschen mit zu uns nach Hause. Vielleicht hab ich eine Überraschung für dich."

Als sie in die Kirche kommen, spielt Herr Gregor gerade auf der Orgel und die Geigen und Flöten begleiten ihn dabei. Wunderschön klingt das.

Als Benno die Musik hört, wird ihm auf einmal ganz leicht ums Herz und er denkt daran, wie es war, als er noch selbst musiziert hat. Er hat ganz gut Geige gespielt.

Vielleicht sollte er damit wieder anfangen? Er könnte es zusammen mit den anderen tun – mit denen, die laufen können.

Nach der Probe fährt Benno mit Frau Huth und Lukas nach Hause. Lukas ist etwas jünger als Benno. Aber er hat schon einen tollen Computer. Einen, auf dem man im Internet surfen, Straßenrennen machen und – fliegen kann!

„Das Flugprogramm hat Lukas von seinem Onkel John. Der ist Pilot", sagt Frau Huth, als sie einen Teller mit frisch gebackenen Plätzchen bringt. „Also dann fliegt mal schön, ihr beiden!"

Auf die Idee mit dem Computerspiel war Frau Huth gekommen, als Benno auf dem Markt das mit dem Fliegen sagte. Sie freut sich, dass die beiden so viel Spaß dabei haben.

„Weißt du was?", sagt Frau Huth, als Benno sich verabschiedet. „Wir bekommen zu Weihnachten einen neuen Computer. Möchtest du meinen alten haben? Und das Flugprogramm? Dann kannst du nicht nur fliegen, sondern auch surfen – wenn auch nicht in echt, sondern nur im Internet."

„Was wird Mama sagen ...", antwortet Benno unsicher.

„Mit der hab ich gerade telefoniert und ihr gesagt, dass ein Computer auch gut für die Schule ist. Sie ist einverstanden!"

„Sie sind wirklich so was wie ein Engel", murmelt Benno.

Und als er auf dem Rückweg beim Musikgeschäft vorbeikommt, nimmt er sich vor, seine Geige neu besaiten zu lassen. Dann kann er heimlich Weihnachtslieder üben. Als Überraschung für Mama und Papa.

Wo ist Benno und wo Frau Huth?
Wo kann Benno die neuen
Geigensaiten kaufen?

Die Spieluhr

20. Anna, Alisa und Erkan haben sich um drei Uhr in der Innenstadt verabredet. Sie wollen ein Geschenk für ihre Lehrerin kaufen, die in den Weihnachtsferien heiratet und in eine andere Stadt zieht.

„Irgendetwas Nützliches. Für den Haushalt?", schlägt Alisa vor.

„Nützlich? Das hat sie doch alles", vermutet Anna.

„Ein Buch. Da können wir zum Abschied alle etwas hineinschreiben", sagt Erkan und bleibt vor der Buchhandlung stehen. Sie gehen in den Buchladen hinein. Aber da gibt es so viele Bücher, dass sie nicht wissen, was sie nehmen sollen.

„Außerdem war ich neulich bei ihr, als sie krank war und ich unsere Hefte abholte. Sie hat im Wohnzimmer ein Regal vom Boden bis zur Decke. Total voller Bücher", sagt Alisa.

„Vielleicht etwas mit Musik? Sie unterrichtet in der dritten Klasse auch Musik. Also mag sie Musik", vermutet Anna.

„Du meinst ′ne CD oder so? Das ist kein richtiges Hochzeitsgeschenk. Es soll was richtig Tolles sein, damit sie sich an uns erinnert, wenn sie nicht mehr da ist", überlegt Alisa.

„Ein Klavier", sagt Erkan. „Oder ein Schlagzeug?"

„Quatschkopf!", sagt Alisa und knufft Erkan in die Seite.

„Nun überlegt mal ernst! Es ist schon fast vier!", mahnt Anna.

„Lass uns auf den Weihnachtsmarkt gehen. Vielleicht finden wir da etwas?", schlägt Alisa vor. Aber das ist leichter gesagt als getan. In dem Geschiebe und Gedrängel kann man gar nicht in Ruhe gucken. Wie soll man da ein besonders schönes Hochzeitsgeschenk für eine besonders nette Lehrerin finden?

„Ich hab´s!", sagt Alisa und bleibt stehen. „Hört ihr nichts?"

Anna und Erkan bleiben ebenfalls stehen und lauschen.

Hinter einer Mauer von Menschen mit Tüten und Taschen erklingt die feine Melodie einer Spieluhr.

„Eine Spieluhr? Meinst du das?", fragt Erkan überrascht.

„Ja", ruft Alisa. „Und sie spielt genau das Freundschaftslied, das sie mit uns zum Abschied eingeübt hat. Die müssen wir haben!"

„Hoffentlich ist sie nicht zu teuer", befürchtet Erkan, als sie sich durch die Menschenmenge langsam nach vorne schieben.

Leider hat Erkan Recht. Das Geld aus der Klassenkasse reicht nicht ganz.

Ein wenig traurig betrachten sie die Spieluhr.

„Was machen wir jetzt?", fragt Erkan. Die drei sehen sich ein wenig ratlos an.

„Was ist: wollt ihr die Uhr oder nicht?", sagt der Spielwarenverkäufer etwas ungeduldig. „Schon", sagt Anna. „Aber uns fehlen zwei Euros."

„Es soll ein Geschenk für unsere Lehrerin sein. Und mehr ist nicht in der Klassenkasse", erklärt Alisa.

„Versucht es mit Handeln", rät ein Mann, der neben ihnen steht.

„Wir sind auf dem Markt!"

„Ich habe Festpreise", sagt der Verkäufer mit säuerlichem Lächeln.

„Teilen wir uns den Schaden", sagt der Mann. „Ich lege einen Euro drauf und Sie lassen einen Euro nach. Dann ist allen geholfen."

Der Verkäufer zögert einen Augenblick. Aber weil so viele Leute zusehen und er nicht möchte, dass man ihn für einen Geizkragen hält, stimmt er schließlich zu.

Kannst du die Spieluhr auf dem Bild finden?
Und Anna, Alisa und Erkan?

Die gute Nachricht

21. Ina Walz läuft über den Weihnachtsmarkt und sieht weder Menschen noch Lichter oder Tannenbäume. Sie starrt vor sich hin und ist in ihren Gedanken nur bei ihrer Schwester, die vor zwei Tagen wegen einer schweren Krankheit überraschend in die Klinik eingeliefert wurde.

Am Stand mit den Lebkuchen trifft sie ihren Nachbarn, Harry Menzel, der dort gerade die Zutaten für ein Lebkuchenhaus einkauft.

„Wie geht´s?", erkundigt sich Harry Menzel fröhlich.

„Danke gut", sagt Ina Walz. Es klingt traurig.

„Das sieht man doch, dass es Ihnen nicht gut geht!", widerspricht der Nachbar besorgt. Da schießen Ina Walz die Tränen in die Augen und sie erzählt, was los ist:

„Meine arme Schwester! Heute wird sie operiert. Vielleicht jetzt, in diesem Augenblick. Und ich hab so Angst um sie!" Sie schluchzt vor sich hin.

„Kommen Sie, wir trinken einen Kaffee zusammen. Dann erzählen Sie mir alles!", sagt der Nachbar.

Jetzt, wo sie ihren Kummer mit jemandem teilen kann, geht es Ina Walz schon ein bisschen besser. „Der Arzt hat gesagt, ich kann anrufen. Aber nicht vor vier Uhr", sagt sie.

„Vier ist es ja gleich", sagt der Nachbar nach einem Blick auf die Uhr.

„Schon", sagt Ina Walz, „aber ich trau mich nicht."

„Ich versteh Sie gut!", sagt Harry Menzel leise. „So war es auch im letzten Jahr bei meiner Frau. Ich hab angerufen in der Klinik. Und dann ... Es war schrecklich."
Er verstummt.

„Meine Schwester hat drei kleine Kinder", sagt Ina Walz leise.

„Wollen Sie, dass ich für Sie in der Klinik anrufe?", fragt Harry Menzel. „Ich hab mein Handy dabei. — Ein Geburtstagsgeschenk von meinen Kindern."

Ina Walz nickt und kramt einen Zettel aus der Manteltasche, auf dem der Arzt seine Telefonnummer für sie aufgeschrieben hat.

Harry Menzel wählt die Nummer der Klinik. Eine Schwester verbindet ihn mit dem Doktor. Gespannt hört er zu, was der Arzt zu berichten hat.

Dann gibt er den Hörer an Ina Walz weiter.

„Genaueres möchte er Ihnen persönlich sagen!"

Ina Walz presst den Hörer ans Ohr: „Die Operation ist gut verlaufen. Ihre Schwester ist eben aus der Narkose aufgewacht. Sie dürfen sie heute Abend noch besuchen!", sagt der Arzt.

„Sie lebt und es geht ihr gut", sagt Ina Walz, als sie Harry Menzel das Telefon zurückgibt. „Und ich darf sie heute noch besuchen!"

„Das ist eine gute Nachricht", antwortet Harry Menzel. „Wenn Sie wollen, fahr ich Sie hin!"

Ina Walz zögert und sagt: „Ja, das wäre schön!" Und dann sieht sie sich überrascht um, als bemerke sie jetzt erst, dass sie auf dem Weihnachtsmarkt ist. „Und ich werde ihr einen kleinen Engel mitbringen. Kommen Sie, dort gibt es welche. Einen Schutzengel!"

Wo kauft Ina den „Schutzengel" für ihre Schwester? Findest du Ina Walz und Harry Menzel?

Die Öllampe

22. Oben in der Dachkammer der Marktgasse 1 brennt Licht. Dort sitzt Achmed an einem schmalen Holztisch und schreibt sich das Heimweh von der Seele. Seit einem halben Jahr lebt er nun in Deutschland. Aber dass der Winter so kalt und rau ist, hat er nicht gedacht. Kein Wunder, dass die Menschen so viele Kerzen anzünden!, denkt er und sieht in das warme Licht der Kerze, die er neben die Lampe auf seinen Schreibtisch gestellt hat. Zu Hause ist Krieg und es ist besser für ihn, dass er hier sein kann.

Er arbeitet tagsüber bei seinem Onkel, einem Teppichhändler. Da muss er ganz schön schuften, um sein Geld zu verdienen. Jede freie Minute verwendet er darauf zu lernen. Sein Deutsch ist schon recht gut. Aber er weiß, wofür er das tut. Er möchte auf die Fachhochschule und Ingenieur werden. Bis dahin muss er noch viele Teppichrollen schleppen!

Das Telefon klingelt. Omar ruft an, den er im Deutschkurs kennen gelernt hat. Er fragt, ob er mit ihm und Selim abends weggeht. Aber Achmed hat keine Lust. Heute will er Briefe schreiben an seine Eltern, die Geschwister und Freunde. Und er hofft, dass er auch wieder Antwort bekommt. Er weiß nicht, ob die kleine Stadt, aus der er stammt, schon von Bomben oder Banditen zerstört ist, oder ob es dort noch aussieht wie früher. Er hofft, dass alle gesund sind. Wenn er doch nur einmal anrufen und die Stimme seiner Mutter oder seines Vaters hören könnte. Aber die Telefonleitungen sind unterbrochen. Achmed steht auf und sieht auf den Marktplatz hinunter, wo sich die Menschen durch die engen Gassen drängen. Fast wie daheim auf dem Bazar, denkt er. Sobald er fertig ist, wird er die Post wegbringen und dann einen Bummel über den Markt machen und sich ein bisschen wie zu Hause fühlen. Es ist vier Uhr und Dämmerung breitet sich über der Stadt aus. Überall gehen die Lichter an. Achmed räumt sein Schreibzeug zusammen, faltet die Briefe und steckt sie in die adressierten Umschläge. Die Post ist gleich unten im Haus und der Markt liegt vor seiner Tür.

An einem der vielen Stände mit den rot-weiß gestreiften Markisen gibt es Öllampen
zu kaufen. Achmed bleibt stehen. Solche Lampen gibt es auch bei ihm zu Hause im
Bazar. Er erinnert sich an die Geschichte von Aladin und seiner Wunderlampe, die
ihm seine Mutter erzählt hat, als er klein war.
Er kauft eine der kleinen Lampen und denkt: Wenn es eine Wunderlampe wäre,
dann wüsste ich, was ich mir wünsche – Frieden.

*Wo wohnt Achmed? Kannst du die Öllampe ent-
decken? Und ahnst du, was sich Achmed noch
alles wünscht?*

Das Puppenhaus

23. „Holst du den Weihnachtsschmuck vom Dachboden?", bittet Frau Albers ihren Mann, als die Kinder im Bett sind.

„Mach ich!", sagt Herr Albers und stapft auf den Dachboden. Wie gut, dass er die Taschenlampe dabei hat, denn die Birne in der Deckenlampe der Bodenkammer ist durchgebrannt.

Der Karton mit dem Weihnachtsschmuck steht auf dem Puppenhaus. Das Puppenhaus ist dick mit Folie verpackt, damit es nicht verstaubt. Schade eigentlich, dass die Kinder nicht mehr damit spielen, denkt Herr Albers. Sie sind jetzt zu groß dafür. Auch die Spielzeugeisenbahn wird nicht mehr ausgepackt. Jetzt stehen Computerspiele, Sportgeräte und DVDs auf den Wunschzetteln. Aber über einen schön geschmückten Baum freuen sich immer noch alle.

Im letzten Jahr haben sie gemeinsam Christbaumschmuck aus Salzteig gebacken und bunt bemalt. Die Älteste hat den Baum mit ihrer neuen Kamera von allen Seiten fotografiert und beim Foto-Wettbewerb einer Illustrierten einen Preis dafür gewonnen.

Nach Weihnachten haben sie die kleinen Kunstwerke alle in Seidenpapier und Folie gewickelt und in einem festen Karton aufbewahrt – fürs nächste Jahr. Aber der Karton war wohl nicht fest genug …

„Oje!", ruft Herr Albers erschrocken, als er die Bescherung entdeckt. Der Karton ist an drei Ecken angenagt! Auf dem Fußboden liegen Papierfitzelchen, Kartonschnipsel und helle Krümel.

„Mäuse!", japst er erschrocken und ergreift er die Flucht. Der fast zwei Meter große Herr Albers fürchtet sich vor einer 6 Zentimeter großen Maus! Auch wenn er das nie zugeben würde. Deshalb holt er seine Frau zu Hilfe. Gemeinsam öffnen sie den Karton mit dem Weihnachtsschmuck.

„Alles hin!", seufzt Frau Albers.

„Wir brauchen eine Mausefalle", sagt Herr Albers schnell. „Oder mehrere. — Oder wir holen die Katze von Melissa Schmidt. Die wird hier – ratzfatz –aufräumen!"

„Gib mir mal die Lampe", sagt Frau Albers ruhig zu ihrem Mann. Sie leuchtet auf das Puppenhaus. Die Abdeck-Folie hat ein Loch!!!

„Psst!", sagt Frau Albers. Hinter den Truhen und Schränken hört man es jetzt huschen und rascheln. Frau Albers hebt vorsichtig die Abdeckung hoch und leuchtet ins Puppenhaus hinein.

Zwei Mäuseaugen blicken erschrocken in den Lichtkegel der Taschenlampe.

Im Kinderzimmer liegen fünf kleine Mäuse in einer alten Socke.

„Ein Mäusenest, mit jungen Mäusen. Wie niedlich!", flüstert Frau Albers leise.

„Die können wir nicht einfach Schmidts Katze überlassen … schließlich bin ich im Tierschutzverein!"

„Du meinst, wir sollen die Mäuse weiter im Puppenhaus wohnen lassen?", fragt Herr Albers unsicher.

„Ja, jetzt wo sie Babys haben. Im Frühjahr, wenn es draußen warm wird, kündigen wir den Mietvertrag!", sagt Frau Albers. Sie lächelt verschmitzt. Aber das kann Herr Albers nicht sehen, weil es dunkel ist.

„Und den zerbröselten Christbaumschmuck?", fragt Herr Albers unsicher und deutet auf die Krümel.

„Den fegen wir weg und holen neuen auf dem Weihnachtsmarkt", sagt Frau Albers entschlossen. „Da hab ich Schaukelpferde, Bäumchen und Engel aus Salzteig gesehen, die unseren zum Verwechseln ähnlich waren!"

„Was werden die Kinder an Weihnachten sagen?", zögert Herr Albers.

„Die werden ihren Spaß haben, wenn ich ihnen die Geschichte von den Untermietern im Puppenhaus erzähle", sagt Frau Albers. „Und bis dahin bleibt die Sache unser Geheimnis."

Die Maus aus dem Puppenhaus geht mit ihrem roten Täschchen einkaufen. Kannst du sie finden? Und wo kauft Frau Albers ein Pferdchen aus Salzteig?

Der Weihnachtsstern

24.

Der kleine Milan steht mit seiner großen Schwester Klara vor der Krippe. Er bewundert die bunten Figuren. Vor allem die Tiere. Er sagt Muh zum Kamel, weil er das noch nicht kennt. Aber die Schafe kennt er. Die haben sie in den Sommerferien auf dem Bauernhof gesehen. Dann entdeckt er das Kind in der Krippe.

„Das Baby is ja nackicht!", sagt er und deutet mit dem Finger auf den Stall.

„Das ist das Christkind", erklärt ihm seine Schwester.

„Und warum hat es nix an, nur eine Windel?"

„Weil es ganz arm ist. Sein Papa und die Mama waren in einem Stall, als es auf die Welt kam. Und der Ochs und der Esel haben zugeguckt."

„Armes Christkind!", sagt Milan. „Wenigstens zudecken könnten sie es."

„Das macht der Josef bestimmt gleich. Mit seinem Mantel!"

„Ist Josef der Papa vom Christkind?"

„Der Josef ist der Papa und Maria die Mama. Aber eigentlich ist das Christkind vom lieben Gott."

„Das versteh ich nich", sagt Milan.

„Ist auch schwer zu verstehen", sagt Klara. „Die ganze Geschichte vom Christkind."

„Hat es in echt gelebt?" Klara nickt. „Vor 2000 Jahren. In einem fernen Land, in dem es einen Kaiser gab, der alles bestimmte."

„Kenn ich", sagt Milan wichtig. „Des Kaisers neue Kleider. Der war auch nackicht." Klara verkneift sich das Lachen und sagt: „Der Kaiser, den du meinst, den gibt es im Märchen. Der Kaiser, der damals lebte, als das Christkind auf die Welt kam, hieß Augustus und lebte in Rom. In echt. Aber er bestimmte über das Land, in dem das Christkind geboren wurde. Er befahl, dass alle Leute in die Stadt gehen sollten, in der sie geboren sind, um sich dort zählen zu lassen. Und da musste Josef mit seiner Frau nach Bethlehem, weil er dort geboren war. Das war weit. Damals gab es keine Autos, keine Eisenbahn und keine Flugzeuge. Nur reiche Leute konnten sich ein Kamel oder ein Pferd zum Reiten leisten. Maria und Josef hatten nur einen kleinen Esel und waren tagelang unterwegs, bis sie nach Bethlehem kamen. Und dort bekam dann Maria das Baby – in einem Stall, weil nirgends anders Platz war."

„Und warum sind so viel Schafe da? Wurden die auch gezählt?"

„Nö. Aber die kamen mit ihren Hirten zum Christkind, weil mitten in der Nacht Engel auf die Weide gekommen waren und zu ihnen gesagt hatten: Lauft schnell nach Bethlehem, da ist das Christkind geboren. Und bringt ihm Geschenke."

„Und wie haben sie das Kind gefunden, mitten in der Nacht?"

„Ein Stern stand über dem Stall, der ganz hell geleuchtet hat. Ein Stern mit einem Schweif wie ein Pferd. Man nennt das Komet."

„Ah, wie in dem Lied: ihr Kinderlein Komet?", dämmert es Milan.

Klara muss lachen. „Nein, der Stern heißt Komeeeeet. Mit einem ‚e' so lang wie sein Schweif."

„Ich kann das ‚e' noch nicht", sagt Milan ein wenig beleidigt. „Ich kann nur das ‚m' von Milan."

„Ach Milan!", sagt Klara und nimmt ihren kleinen Bruder fest in den Arm. „Komm mit nach Hause. Da haben wir ein Buch, in dem die Geschichte ganz genau steht. Das les ich dir vor."

„Mit Bildern drin?"

„Mit Bildern drin!", sagt Klara.

„Und was ist mit den Männern und der Kuh?", fragt Milan, der die heiligen drei Könige entdeckt, die noch etwas im Hintergrund der Krippe stehen.

„Das sind drei Könige. Und die Kuh heißt Kamel. Die kommen erst viel später in der Geschichte vor. Komm jetzt, Milan, ich hab schon kalte Füße!"

Dreimal ist der Weihnachtsstern, der die Hirten zur Krippe geführt hat, auf unserem Weihnachtsmarktbild versteckt. Wo?

Einbandgestaltung und Produktion:
Uwe Stohrer Werbung, Freiburg

Druck und Einband: Himmer Augsburg 2002
ISBN 3-451-70425-0